No Es Tu Culpa, KoKo Oso

Un Libro Que Leen Juntos Los Padres y Los Niños Jóvenes Durante el Divorcio

Ilustrado por Jane Prince

Vicki Lansky

AUTOR DE *VICKI LANSKY'S* DIVORCE BOOK FOR PARENTS
PREPARANDOLES A LOS NIÑOS PARA QUE HAGAN FRENTE AL
DIVORCIO Y SUS CONSECUENCIAS

Traducción al Español: Brad White

BOOK PEDDLERS
MINNETONKA, MINNESOTA
Book trade distribution by Publishers Group West

Gracias especiales a:

Constance Ahrons, PhD; Gail Berkove, PhD; Melinda Blau; Sally Brush; Cynthia y Brittany Crosby; Miriam Galper Cohen; Elizabeth Hickey; Steve King, MSW; Adair Lassonde, SSND, LISW; Gary Neuman, PhD; Francie PaPer; Dessa Rosman; Pamela Panasiti Stettner; Meg Zwiebavk; Ernie Sánchez; y Virginia Mejía, L.C.S.W.

Traducción al Español: Brad White, Pan Blanco, Inc., Batavia, Illinois

Ilustradora: Jane Prince, con su asesor técnico, Sam Murphy, de 11 años
Trazado y diseño: MacLean & Tuminelly

Puesta en Catálogo del Editor
(Suministrada por Quality Books, Inc.)

Lansky, Vicki.
  No Es Tu Culpa, KoKo Oso: un libro que leen juntos los padres y los niños jóvenes durante el divorcio/ por Vicki Lansky; ilustrado por Jane Prince.—1era ed.
    p. cm.
  RESUMEN: KoKo Oso aprende el significado del divorcio, como hacer frente a los cambios, como reconocer y procesar sus sentimientos, y que el divorcio no es culpa de KoKo. Cada página contiene sugerencias para los padres.
  ISBN 0-916-773-45-0 (papel comercial)

1. El Divorcio—Los Aspectos Psicológicos—literatura juvenil. 2. Los Hijos de Padres Divorciados—Psicología—literatura juvenil.
I. Título

HQ772.5.L36 1998   [E]
                                     QB197-1

Este libro está disponible para los grupos educativos que trabajan con los padres, los terapistas familiares, los mediadores y los abogados para ayudarles a los padres en el proceso de hacer frente al divorcio. Para recibir un descuento en su pedido de 9 copias o más, comuníquese con la casa editorial al 1-800-255-3379.

BOOK PEDDLERS
15245 Minnetonka Blvd, Minnetonka, MN 55345
612•912•0036 fax 612•912•0105

Impreso en Hong Kong por Pettit Network, Inc.

98 99 00 01 02 10 9 8 7 6 5 4 3 2 1

Introducción Para Los Padres

Cuando los niños de padres divorciantes se dan cuenta de que MaMá o PaPá se ha salido del hogar familiar, se les cimbra su certidumbre que no desaparecerá el otro. Muchas veces reciben mensajes contrarios de sus padres divorciantes, lo cual aumenta su confusión y ansiedad. Los niños son capaces de sacar conclusiones equivocadas - incluída la de culparse a sí mismos - para tratar de hacer frente al mundo cambiante en que ya se encuentran.

Al ir viendo como demuestran sus padres su enojo el uno contra el otro durante el proceso de divorcio, ¿cómo pueden saber que no actuarán sus papás de tal manera con ellos? La reacción de algunos niños es portarse muy bien, temiendo que esa rabia se les dirija a ellos - o, peor aún, que quizá causen que se vaya también el otro.

Es natural sentir enojo contra el padre que se ausenta; pero no está bien demostrar ese enojo en frente de los niños. No es necesario que quieras a tu ex-cónyuge (o al que pronto será ex-cónyuge) para que te portes de una manera cortés. Cada día lo logran miles de adultos a mordidas de lengua. Mi libro, *Vicki Lansky's Divorce Book for Parents*, te puede ayudar para que navegues paso a paso por este proceso. La recompensa por tal conducta madura es el bienestar emocional de tus hijos.

Al leer *No Es Tu Culpa, KoKo Oso*, te puede parecer que son exageradamente corteses y plácidos PaPá Oso y MaMá Osa. Tal vez no se parece mucho la familia de KoKo Oso a la tuya. Pero algún día sí puede, si tú forjas esa finalidad. La manera de la cual tú desempeñas tus responsabilidades de crianza separada hará toda la diferencia en la vida de tu hijo.

Espero que le animes a tu hijo que se lleve este librito para ser leído en la casa de cada uno de sus padres. Al oir el mismo mensaje expresado por MaMá y también por PaPá, el niño se siente más seguro de que los dos de ustedes lo seguirán amando y protegiendo.

— *Vicki Lansky*

Un día MaMá Osa y PaPá Oso le dicen a KoKo Oso, "Tenemos algo muy difícil que decirte. Nos vamos a divorciar, KoKo Oso."

KoKo Oso no entiende. "¿Qué quiere decir divorciar?" pregunta KoKo Oso.

"Divorcio es cuando los adultos deciden que ya no vivirán juntos," contesta MaMá Osa, "y uno de ellos se sale de la casa. Divorcio quiere decir que ya tendrás dos hogares en lugar de uno. PaPá y yo vamos a tener cada quien su casa propia, y tú pasarás tiempo en cada una de ellas. Los dos te seguiremos cuidando, pero MaMá Osa y PaPá Oso ya no viviremos juntos."

PaPá Oso le dice a KoKo Oso, "En unos días me voy a mover a otra casa, y será tu hogar cuando estés conmigo."

KoKo Oso no está contento. El no piensa que son buenas noticias.

- Los niños deben saber lo que está pasando y cómo serán afectados por su separación. Esto incluye detalles específicos sobre el tiempo que pasarán con sus seres queridos - los dos de ustedes, sus abuelos, niñeros y hasta sus animalitos.

- Los niños deben oir razones por el divorcio que vayan de acuerdo con su edad. No necesitan oir de tu enojo ni de tu opinión que es tu cónyuge que tiene la culpa.

- Los niños piensan de formas sencillas y mágicas, creyendo que un simple deseo o pensamiento se puede hacer realidad. Les es muy fácil creer que el divorcio es por su culpa y que lo pueden parar si lo desean con todo su corazón.

- No hay que preguntarles jamás a los niños con quién quieren vivir ni pedirles que se hagan al lado de uno de los dos en sus corajes. Esto presenta un dilema de fidelidad que solo sirve para confundirlos y atormentarlos.

Cuando PaPá Oso se sale de la casa, todos se sienten muy tristes. KoKo empieza a llorar.

"Está bien llorar, KoKo," dice MaMá Osa, "las lágrimas pueden ayudar a borrar unos de los sentimientos tristes. El divorcio también me hace sentir triste, y hay veces que lloro. Yo sé que también PaPá llora a veces por causa del divorcio.

KoKo Oso dice, "Yo quiero que PaPá Oso viva aquí. No quiero que se vaya. ¡No quiero dos hogares!"

"Yo sé que será difícil el no tener a PaPá viviendo aquí," dice MaMá Osa. No volverá a vivir aquí, pero sí vendrá mañana a recogerte y llevarte a su casa nueva. Anda, vamos a empacar unos de tus juguetes y ropa para llevar a la casa de PaPá Oso."

KoKo Oso está confundido y asustado.

- No hay nada más difícil que estar separado de un ser querido. Es natural que el niño extrañe al otro progenitor—incluso un padre que ha faltado mucho en casa. Esto no quiere decir que te quiera menos tu hijo.

- LLorar no es una seña de debilidad en un niño- ni en un padre. Dejar o ser dejado por un ser querido duele, y el llanto es una reacción honesta y natural ante tal tristeza.

- Es difícil aceptar como el divorcio causa dolor y coraje en los niños. Ten paciencia. Hacer frente a la separación suele ser un concepto más nuevo para ellos que para tí.

- Es normal que los niños esperen que se reconcilien sus padres, sobre todo cuando el enojo de los papás no es ruidoso o visible. Lo mejor que puedes hacer es reconocer las esperanzas del niño y responder a sus preguntas de una manera directa, pero cariñosa.

"¿Qué piensas de mi casa nueva, KoKo Oso?" pregunta PaPá.

"Pues, bien, pero me siento extraño. Por qué tienes que vivir aquí. Yo quiero que vivamos todos juntos. ¿Hice algo malo yo? Es por eso que te fuiste?" pregunta KoKo Oso.

"¡Ay, no, KoKo, tú no hiciste nada malo," contesta PaPá Oso. "El divorcio no es tu culpa. Yo no quise dejarte. Hay muchos motivos muy difíciles de entender por los que a veces los papás se divorcian. A veces los osos grandes se hacen muy gruñones el uno con el otro. Pueden hacerse daño o cambiarse de manera que se hace imposible que sigan viviendo juntos.

"Cuando no estés aquí voy a echar de menos las veces que te he acostado, pero cuando estás conmigo, te voy a acostar aquí lo más suavecito en tu camita, KoKo, y podemos hablarnos por teléfono todos los días. Es más, ¿No quieres llamarle a tu MaMá Osa para decirle buenas noches?, y luego te llevaré a acostar y te leeré el cuento de *Bucles de Oro y los Tres Pozos*."

- No es raro que tengan miedo los chiquillos de dormir en un nuevo lugar, aunque esté allí un pariente o persona de confianza.

- Prepárate para varias formas de la pregunta, "por qué?" El simplemente reconocer su tristeza, coraje, frustración o lo que sientan ayuda mucho en su aceptación del sinfín de cambios que seguramente habrá en sus vidas.

- Anímales a los niños que llamen al otro progenitor pero no uses estas oportunidades para hablar sobre temas muy sensibles. Las llamadas a los abuelos por ambos lados pueden ser una buena inversión en el futuro. Muchas veces los niños se adaptan más fácilmente si se mantienen las conexiones con toda la familia de los dos papás.

- Es importante comunicarle al niño que tú lo sigues amando y que lo demuestres también con tus acciones.

El divorcio de MaMá Osa y PaPá Oso está causando que sienta KoKo Oso muchas diferentes clases de sentimientos.

¿Cómo crees que se siente KoKo Oso?

¿Debería hablar KoKo Oso acerca de estos sentimientos?

¿Qué le deberían decir MaMá y PaPá a KoKo Oso?

¿Tienes tú a veces sentimientos como KoKo Oso?

• Los niños pasan por muchos sentimientos durante un divorcio: enojo, dolor, tristeza, futilidad, soledad, desahogo, culpabilidad, miedo, confusión, rabia, desilusión, aflicción, etc.

• Reconocer los sentimientos del niño sin juzgar ("Veo que estás enfadado" en lugar de "No seas necio.") No menospreciar sus sentimientos ("Yo sé que ésto es difícil para tí" en lugar de "Con el tiempo se te quita") ayudará para que el niño vaya aceptando los cambios.

• Tal vez no tengan los niños suficiente vocabulario para hablar acerca de lo que sienten. Una manera de hablar sobre sentimientos es pedirles que den el nombre de un color o una figura a sus varios sentimientos. También se les puede preguntar dónde en su cuerpo tienen sentimientos "feos."

• Hacer dibujos y jugar con barro son solo dos entre muchas técnicas que ayudan para que los niños procesen sus sentimientos de enojo.

Después de un desayuno delicioso de nueces con miel, PaPá Oso lleva a KoKo con Cuidadosa para que lo cuide mientras trabaja PaPá Oso.

"MaMá Osa te recogerá a la hora de salir," le dice PaPá Oso a KoKo Oso cuando se despiden.

Cuidadosa le saluda a KoKo Oso con una sonrisa grande. "Buenos días, KoKo Oso," le dice al recibirlo en la puerta. "¡Que calientito te ves en tu chamarra fina! ¿Es nueva?"

KoKo Oso no contesta. No le entran ganas de sonreirse ni de platicar ahora con Cuidadosa.

- El saber de antemano quién le va a recoger a la hora de salir de la escuela o donde lo cuidan es uno de esos detallitos que mucho le importan al niño durante el divorcio.

- Es normal que los niños se alteren de vez en cuando al ir procesando sus emociones en torno al divorcio. Comunícales a los niños que estos sentimientos son comunes y naturales.

- Las cualidades positivas del otro progenitor quizás no te estén ya disponibles, pero no le tienen que faltar al niño.

- Los niños que ven que sus papás siguen tomando decisiones sensatas y responsables son menos susceptibles a sentirse responsables por lo que está pasando en la familia.

Al llegar todos los otros ositos, Cuidadosa les dice, "Hoy vamos a hacer dibujos de nuestra familia. Todos pueden sacar papel y crayolas del cajón."

KoKo Oso saca papel y crayolas y se va a sentar al lado de Osa Hermosa. Hermosa es la mejor amiga de KoKo Oso en la escuelita. Osa Hermosa es muy buena para dibujar.

El dibujo que hace Hermosa tiene el papá, la mamá y también la Osa Hermosa - todos los que están en la familia.

KoKo Oso agarra su crayola y empieza a dibujar una casita. KoKo piensa por un momento. No sabe KoKo Oso donde va MaMá Osa ni PaPá Oso - ni KoKo Oso mismo - en el dibujo.

KoKo Oso no termina su dibujo.

- Como muchos padres, los niños tienden a pensar que solo son "normales" las familias tradicionales - dos padres con sus hijos. En realidad, hay muchas clases de familias "normales."

- Los niños necesitan la oportunidad de hacer preguntas y hablar sobre sus sentimientos, pero no están siempre listos cuando tú quieres hablar. Hay que irles dando muchas oportunidades para platicar acerca de lo que sienten.

- Aunque los niños quizás conozcan a otros que tienen padres divorciados, cuando les pasa a ellos, pueden sentirse avergonzados y no querer hablar con otros acerca de su situación.

- La tensión en casa muchas veces afecta la capacidad de concentrarse en la escuela. El ensueño es común durante los divorcios, como también lo son las dificultades para poner atención y acabar las tareas.

Cuando se acaba el día en la escuelita, llega MaMá Osa para recoger a KoKo Oso. "Antes de ir a casa," dice MaMá Osa, "pienso que deberíamos hablar con Cuidadosa." Más vale que le digamos acerca del divorcio y los cambios en nuestra casa.

"Cuidadosa," dice KoKo Oso, "mi papá ya no vive con nosotros."

"Eso tiene que ser difícil para tí, KoKo Oso. ¿Por eso es que no acabaste tu dibujo de tu familia?" pregunta ella.

"No sabía donde poner a ninguno de nosotros," dice KoKo Oso.

"KoKo, déjame hablar un momento con MaMá Osa," dice Cuidadosa. "Anda y juega un rato con la Osa Hermosa. A propósito, KoKo Oso, sabías que también están divorciados los papás de la Osa Hermosa?"

KoKo Oso recuerda que venía toda la familia en el dibujo de la Osa Hermosa.

- No es fácil decirles a los parientes, amigos, maestros y cuidanderos del divorcio, pero es importante hacerlo oportunamente. La manera de la cual haces ésto pone un importante ejemplo para tu hijo.

- A veces les da vergüenza o coraje a los niños cuando los maestros saben que ha habido un divorcio en su familia. Esto es normal, así que no te dejes alterar con tal conducta ni permitas tampoco que los recelos del niño causen que dejes de comunicar la situación en la escuela.

- Los niños no necesitan estar al tanto de todo lo que platican sus papás, sobre todo si tiene que ver con asuntos financieros.

- Aunque el divorcio ya no es raro en la sociedad nuestra, los niños aún se sienten raros cuando les pasa a ellos.

- Los maestros naturalmente se suponen que el niño vive con los dos papás a menos que reciban contrario aviso.

Cuando ya se encuentran en el carro, pregunta MaMá Osa, "¿Dónde está tu mochilosa, KoKo Oso?"

"¡Ay, no! La dejé en casa de PaPá Oso," recuerda KoKo Oso. "Lo siento mucho, mamá. No lo hice a propósito."

"No te preocupes, KoKo Oso. Yo comprendo que es más difícil recordar todo cuando tienes dos casas," dice MaMá Osa. "Podemos pasar por allí a recogerla o le diremos a PaPá Oso que la traiga después."

"Otra cosa, KoKo Oso. Recuerda que dónde quiera que estemos o con quién quiera que vivamos, todavía somos tu familia. Nos estamos divorciando PaPá Oso y yo, pero nadie se está divorciando de tí. Una familia divorciada sigue siendo una familia."

KoKo Oso no se queda convencido. Esta familia divorciada siente diferente a la que recuerda - y añora.

- No faltan contratiempos cuando se comparte la crianza. No dejes que sea ésa tu excusa para opinar que no funciona. La mayor parte de los problemas se resuelven con el tiempo, pero la crianza compartida - tal como la vida - no es perfecta.

- Si es posible, evita las sorpresas y los cambios de planes para los niños a última hora. Los cambios repentinos pueden producir enojo, desilusión y pérdida de confianza en el niño, tal como en el otro progenitor.

- Es normal que los niños chicos se descuiden de sus cosas. Una lista semanal puede ser útil para los papás y el niño también.

- Ten en cuenta que no todos los problemas y dificultades del niño son necesariamente relacionadas con el divorcio.

- Los padres que actúan como "socios de crianza" durante un divorcio ayudan para que sus hijos se sientan más seguros. Esta es, a final de cuentas, la meta de la crianza.

Esa noche mientras MaMá Osa y KoKo Oso preparan la cena, KoKo le dice a MaMá Osa, "No me gusta este divorcio. A veces me siento enojado y a veces me siento triste."

"Yo sé que ésto no es fácil para tí, pero creo que con el tiempo te vas a sentir mejor," dice MaMá Osa.

Luego MaMá Osa tiene una idea. "KoKo Oso, vamos a escoger un día en el calendario del mes que viene y veremos cuáles son tus sentimientos en ese día. Le diremos el *Día de Chequeo de Sentimientos*. Si aún no se han desaparecido tus sentimientos de tristeza o enojo para ese día, escogeremos otro día en el otro mes para volver a chequear. Estoy segura que en uno de esos días podrás decir que no te sientes ya tan triste o enojado.

Esa idea le gusta a KoKo Oso. Como el domingo es su día favorito, señalan en rojo subido el domingo a mediados del siguiente mes.

- Un calandario con código de colores puede ayudar para que los papás y los niños recuerden qué días van a pasar los niños en cada casa.

- Es bueno mandar una parte de la tarea con el niño si solo visita al otro progenitor los fines de semana. Los niños quieren compartir sus esfuerzos y triunfos con los dos padres.

- Los niños necesitan saber que con el tiempo su vida se hará mejor, y que no siempre se van a sentir como ahora. (A veces no hay mejoras si los papás siguen sus riñas furiosas.)

- Pídele la opinión al niño cuando no estás seguro(a) qué hacer en alguna situación. No tienes que implementar su sugerencia, pero puede ampliar tu perspectiva. Pero no le preguntes, "¿Con quién quieres vivir?"

Después de cenar, MaMá y KoKo Oso juegan con un rompecabezas.

"Las familias son como un rompecabezas, KoKo Oso," dice MaMá Osa. "Cada uno de nosotros es como una pieza. Cuando nos casamos PaPá Oso y yo, ¡vieras qué linda pareja hacíamos! Nos queríamos tanto y éramos tan felices cuando naciste. Pero las cosas han cambiado y ya no hacemos juego PaPá Oso y yo.

Tú sabes que cuando una pieza del rompecabezas no le queda a la otra, por mucho que empujes no se va a ajustar. Es más, si empujas mucho puedes romper la pieza. Lo bueno es, KoKo Oso," continúa MaMá Osa, "que los papás *siempre* les quedan a los niños aunque no hagan juego ya los dos de ellos."

"Es cierto, quizás, pero yo quisiera mejor ser todos un solo rompecabezas," dice KoKo Oso.

"Ya sé, KoKo, ya sé," dice MaMá Osa. "El divorcio no es fácil."

- Una visita al álbum de fotos de bebé aportará la oportunidad de hablar sobre los grandes deseos y placeres que fueron realizados cuando nació él o ella.

- Saber que sus papás ya no se quieren le duele mucho al niño. Pero el niño se merece el derecho de querer a ambos sin importar lo que haya transcurrido entre los padres.

- Nunca dejes que la actitud o conducta negativa del otro progenitor prevenga que tú les comuniques a tus niños lo mucho que los quieres. Sé consistente, convive siempre y el tiempo trabajará en tu favor.

- El evitar el contacto con un ex cónyuge combativo-si a la vez reduce tu contacto con tu hijo-puede ser menos pena para tí, pero no lo es para tu hijo.

A la hora de acostar le dice MaMá Osa a KoKo Oso, "Sabes que tú no hiciste nada para hacernos querer divorciar. No es tu culpa, KoKo Oso, que PaPá Oso y yo no hacemos juego ya. Pero tu haces juego perrrfecto conmigo," le dice con cariño.

"Ya es hora de la bendición de osos:

Este es el osito que tanto amamos,

que damos las gracias y no olvidamos."

A KoKo Oso le encanta cuando MaMá Osa dice la bendición.

"Recuerda, KoKo Oso, PaPá Oso y yo te queremos ta-a-nto y está muy bien que nos quieras a cada uno aunque estemos divorciados," dice MaMá Osa.

- Las rutinas familiares, sobre todo a la hora de acostar, son importantes en épocas de cambio. Sentirá mayor seguridad el niño si se siguen semejantes rutinas en ambos hogares a la hora de acostar.

- Comunícale sin falta al niño que no es necesario que escoja entre sus papás y que los dos siempre lo van a querer.

- Aunque se te haga muy difícil darle al niño el permiso de amar al otro progenitor - sobre todo si fuiste tú que "dejaron" - es importante hacerlo.

- Por difícil que se te haga, trata de comunicarle al niño que el otro progenitor tenía muchas cualidades que en un entonces tú amabas.

Otra noche a la hora de acostar en casa de PaPá Oso, le dice PaPá Oso a KoKo, "Sabes que tú no hiciste nada para hacernos querer divorciar. No es tu culpa, KoKo Oso, que MaMá Osa y yo no hacemos juego ya. Pero tu haces juego perrrfecto conmigo," le dice con cariño.

"Ya es hora de la bendición de osos:

Este es el osito que tanto amamos,

que damos las gracias y no olvidamos."

A KoKo Oso le encanta cuando PaPá Oso dice la bendición.

"Recuerda, KoKo Oso, MaMá Osa y yo te queremos ta-a-nto y está muy bien que nos quieras a cada uno aunque estemos divorciados," dice PaPá Oso.

- Los arreglos frecuentes y consistentes entre los papás funcionan mejor para los niños ya que les da una rutina con que pueden contar. Semejantes estilos de crianza y reglas caseras son útiles, pero no críticas, en la adaptación del niño en los dos hogares.

- Los niños necesitan poder querer y respetar a los dos padres. Cuando el uno no deja de hablar mal acerca del otro, sin importar la validez de sus críticas, el niño - quien es parte de ese padre criticado - también se siente criticado y menospreciado.

- Los niños pueden entretener duraderas fantasías de que sus papás se vuelven a juntar. Deja que tus niños entiendan que no está mal desear las cosas bonitas (al cabo no pueden controlar sus sentimientos) pero diles con paciencia y cariño que no pueden hacer que pasen cosas bonitas con simplemente desearlas (los papás se vuelven a juntar) ni que, con desearlas, pueden hacer que pasen cosas malas (como desear que alguien se muera).

A la siguiente semana cuando van PaPá Oso y KoKo Oso en carro a la casa de MaMá Osa, KoKo Oso pregunta, "¿PaPá Oso, podemos ser una familia aún sin vivir todos juntos?"

"Claro que sí, KoKo Oso. Todavía somos una familia, pero ya somos una familia que vive aparte," replica PaPá Oso. Los Abuelosos no viven con nosotros, pero todavía son parte de nuestra familia, ¿no KoKo Oso? Y Tia Pardosa y tus primos Fructuoso y Piadosa tampoco viven contigo, pero ellos también son parte de nuestra familia."

"Sí, tienes razón. Ellos no viven en ninguna de mis casas," dice KoKo Oso, que ahora comienza a sonreir, "y aún así son parte de mi familia." KoKo Oso ya se siente mejor.

KoKo Oso corre al lado de MaMá Osa, donde la abraza y se despide de PaPá Oso. Todavía es difícil decirle "adios" a PaPá Oso, pero ya no se siente tan extraño como antes.

- A lo largo se beneficia el niño si tú le comunicas al otro progenitor cuánto le agradeces sus esfuerzos con respecto a la crianza. Recuerda que es la alabanza - y no la crítica- que motiva.

- Ten cuidado de no participarle al niño tus preocupaciones financieras. Los niños pueden interpretar literalmente un comentario como "No tenemos dinero." Sería diferente si dijeras, "No nos podemos dar ese lujo ahorita."

- Les gusta a los niños llevar algunas de sus cosas con ellos cuando se salen de la casa. Puede ser que te irrites al ver que se lleva algo que le acabas de regalar a la otra casa. Cierto resentimiento es normal, pero resiste la tentación de verbalizarlo - sobre todo si puede oir el niño. Lo mejor es dejar que se lleve aquella cosa sin problema. Al cabo, de esta manera va con el niño una parte de tí.

A veces se le olvida la mochilosa a KoKo Oso cuando va a la casa de PaPá Oso, y a veces deja un libro favorito en casa de MaMá Osa. "Sería mucho más fácil," piensa KoKo Oso, "si viviéramos todos juntos." Pero KoKo Oso sabe que vivir juntos no sería más fácil para MaMá Osa y PaPá Oso.

KoKo Oso sabe que puede ser su culpa si se olvida de un libro o una mochila, pero que el divorcio de MaMá y PaPá *no es* por su culpa.

Un día MaMá Osa y KoKo Oso encuentran un *Día de Chequeo de Sentimientos* marcado en el calendario. Ya no son tan tristes y enojados sus sentimientos de enojo y tristeza. ¡MaMá tenía razón! Ese día MaMá y KoKo Oso dibujan un mono en el calendario con una gran sonrisa.

Sí, KoKo Oso tiene dos hogares y dos padres.

Sí, los padres de KoKo Oso están divorciados, pero KoKo Oso no está divorciado de nadie. MaMá y PaPá y KoKo Oso siguen siendo una familia...solo que es una familia aparte.

- Forjar relaciones y una historia con cada uno de los padres es importante en la vida de un niño. La única manera de lograr ésto es dejar que los niños pasen bastante tiempo con cada uno. Cualquier plan de crianza debe ser basado en ésto, aunque no hay dos familias que lo hagan exactamente de la misma forma.

- Los planes de crianza, tal como la ropa, llegan a quedar cortos de año en año, y se deben "ajustar para quedar bien."

- El divorcio puede ser difícil y doloroso, pero no es el divorcio, en sí, que les hace daño a los niños. Tu manera de maniobrar por el divorcio, sin embargo, sí puede hacerles daño.

EL DIVORCIO ES UN TIEMPO DIFICULTOSO
Deja que Vicki Lansky y KoKo Oso te Ayuden a tí y a tu Familia

Vicki Lansky's DIVORCE BOOK FOR PARENTS
Preparándoles a los Niños para que Hagan Frente al Divorcio y Sus Consecuencias

Sensata información con respecto a las realidades de la crianza y el divorcio: la conducta que se observa en los niños de distintas edades, el "idioma del divorcio," hechos acerca de la custodia, el dinero y las legalidades, referencias sobre recursos, sugerencias en cuanto a la transferencia de los niños, conducta al volver a casa, días festivos, cortejo y mucho más. *Disponible solo en inglés. Portada de papel. 240 páginas.*

NO ES TU CULPA, KOKO OSO
Un Libro que Leen Juntos Los Padres y los Niños Jóvenes Durante el Divorcio

En el protagonista unisexual "KoKo Oso," los niños hallan un amigo quien aprende, como ellos, que son amados y que sí se les va a proteger, aún habiéndose divorciado sus padres. El libro también contiene sugerencias útiles para los padres en cada página. *Disponible en inglés. Portada dura o de papel. 32 páginas.*

KOKO EL OSO

Un osito suave y encantador que acompaña a NO ES TU CULPA, KOKO OSO. Tan adorable como es el protagonista del cuento, este osito tan abrazable mide 7" de la cabecita a la patita y es hecho de materiales que son seguros para los niños. KoKo Oso viene con una "mochilosa" desprendible - justamente el lugar para guardar los pesares del niño sobre el divorcio en la familia. KoKo Oso se convertirá en un amiguito especial para aquellas veces cuando hace falta consuelo. Perfecto para uno que no le gusta el divorcio y que no quiere tener dos casas. *(LLamar por precio y disponibilidad)*

Para pedir copias sencillas de los susodichos títulos,
marque 1-800-255-3379 o 612-912-0036

PRACTICAL PARENTING™ Books By Mail *(Libros por correo)*
15245 Minnetonka Blvd., Minnetonka, MN 55345